AF155810

Une poignée de pétales

au cœur de l'hôpital

FSC

www.fsc.org

MIXTE

Papier issu
de sources
responsables
Paper from
responsible sources

FSC® C105338

Emmanuelle Dupinoat

Une poignée de pétales

au cœur de l'hôpital

© 2022, Emmanuelle Dupinoat

Édition : BoD - Books on Demand,
12/14 rond-point des Champs-Élysées, 75008 Paris
Impression : BoD · Books on Demand, Norderstedt, Allemagne

ISBN: 9782322410521
Dépôt légal : Février 2022

À ma famille,
Aux rencontres que m'offre l'hôpital,
À Martine et François-Xavier qui m'ont
beaucoup appris et tant d'autres…

Certains décrivent une contrée qu'ils aiment,
racontent un beau voyage…

Écrire sur l'hôpital, quelle drôle d'idée !
Une fois sur place, je ne songe qu'à le quitter…

Les pétales sont là :
j'ai tant reçu et appris de ce phare lumineux !

Discrète flamme

Sous le ciel nuageux,
L'instant fut lumineux :
Une poignée de pétales
Au cœur de l'hôpital.

Le bitume est hostile,
Au tout premier regard,
Reste cette terre fertile
Oubliée par hasard.

Ces fiers coquelicots,
Rescapés du chaos,
Allument une petite flamme
Pour réchauffer nos âmes.

Des décennies plus tard,
Le souvenir est vivant,
L'expérience du phare
A traversé le temps.

La maladie recèle
Ces curieuses étincelles,
L'esprit puise en chaque jour
Des bienfaits pour toujours.

(Extrait de « Graines imprévisibles »- 2019)

« Donne-moi chaque jour une petite ligne de poésie, mon Dieu, et si jamais je suis empêchée de la noter n'ayant ni papier ni lumière, je la murmurerai le soir à ton vaste ciel. Mais envoie-moi de temps en temps une petite ligne de poésie. »

Etty Hillesum (1914-1943)

Un mercredi de juin

Un mercredi de juin,
À l'orée du chemin,
Du soleil sur Paris
Où tout restait permis.

L'hôpital sur papier
De livres feuilletés,
Que de larmes versées
À l'heure d'y rester !

Toute seule au fond d'un lit,
Une mémorable nuit,
J'étais sans mode d'emploi
Avec mon désarroi.

Douze années d'insouciance
D'une paisible enfance :
Déroutant tourbillon,
Redoutable abandon !

La tempête fit rage,
Touchant tout l'entourage,
Promptement, je grandis :
Leçon de maladie.

Fracture d'innocence
À la veille des vacances,
Des parents bouleversés,
L'équilibre malmené.

D'une candeur enterrée,
Des graines vont germer,
La conscience écorchée
N'a rien pu oublier.

Du plafond aux fenêtres,
J'appris chaque millimètre,
Des heures à m'ennuyer,
Autant à regarder.

Dans la chambre d'à côté,
D'autres sont alités ;
Nous étions des enfants,
L'un petit, l'autre grand.

Avant comment savoir
Ces douloureuses histoires,
Le rire d'un enfant
Masquerait des pansements ?

Liminaire

Nous étions attendues
À Saint-Vincent-de-Paul,
Premier coup de massue,
Rendez-vous d'entresol.

Secousse sidérale,
Baptême d'hôpital,
Subsistent des souvenirs,
Les paroles d'avenir.

Un rayon de lumière
En guise de liminaire:
Elle consolait les âmes,
Se prénommait Viviane.

De jolies boucles brunes
Au milieu de la brume,
La chambre s'égayait
Et les peines s'envolaient.

Sa joie s'est invitée,
Ne m'a jamais quittée,
Pétillante infirmière
Qui fut donc la première.

Une foule de notions,
D'implacables émotions,
J'avais tout à apprendre
Sans réellement comprendre.

Qu'ai-je vraiment saisi
De ce changement de vie ?
Il faut beaucoup d'années
Pour tout réaliser.

Des décennies plus tard,
D'insolites brouillards
Viennent faire émerger
Tous les dons distillés.

Combien d'autres Viviane,
De tendres filigranes
Aplanissent pour nous
D'immuables rendez-vous ?

Derrière chaque lucarne

Comment sortir indemne
De la toute première nuit,
Mais l'hôpital enseigne
Le souci d'autres lits.

La maladie s'incarne
Derrière chaque lucarne ;
D'obscures pathologies,
Nous n'avions le souci.

Or chacun des visages
Peut se lire en message ;
Nous étions des patients
Aux traitements différents.

Ce premier face-à-face
Remit les choses en place ;
La grâce de l'insouciance
Préserve pourtant l'enfance.

Le secours de parents
A rendu moins amer
Ce chemin débutant
Au milieu de mes pairs.

Le choc de la prison,
De l'incompréhension,
La douleur parentale
Se chargea du quintal.

Le regard d'un père,
Héritage lumineux,
Éclaire encore des cieux
Le don de tous mes frères.

Je conserve ici-bas
L'appui des premiers pas,
Les souffrances indicibles
D'un terreau invisible.

Une porte ouverte

Une porte s'est ouverte
Sur tant de découvertes !
L'enfant se délesta
Des multiples tracas.

Des images sont gravées,
Ces souvenirs ourlés,
Des chambres témoins de vies,
De rencontres inouïes.

C'est la table de nuit
Qui devint une amie :
Quatre paires de roulettes,
Ses multiples cachettes.

Des plafonds orgueilleux
Où tant posent leurs yeux :
Quadrillage monotone
Et fantaisie atone.

Les draps sont tous tatoués
Aux sigles hospitaliers,
Le ballet matinal
Retape tout l'hôpital.

Il est là le trésor
Au-delà du décor,
Au cœur de tous les soins,
Des visages humains.

Lovés dans la mémoire,
Une série de couloirs,
Ces montagnes de compresses,
De baumes de gentillesse.

À l'intérieur, la prison
Est une seconde maison
Révélant le viatique
D'une aube initiatique.

Compteur enrayé

Des dates se répondent
Quand les séjours abondent ;
Le compteur des journées
S'est très vite enrayé.

Improbable soutien
Pour préserver les miens,
Un ancrage, un sursis,
De la croix ont surgi.

L'hôpital comme cocon,
Une dose de raison,
J'y trouvais réconfort,
Un abri du dehors.

Les plaies étaient pansées,
Les chemins balisés,
Des rendez-vous mensuels,
Une béquille d'éternel ?

Au milieu des enfants,
Les ravages du temps
N'avaient aucune emprise,
N'étaient que simples brises.

Il a fallu partir
Pour préparer l'avenir,
Quitter un monde connu,
Le refuge des débuts.

Depuis la pédiatrie,
Le sac s'est empli
De son lot de brisures,
D'un mystérieux futur.

Loin de la capitale,
Chaque nouvel hôpital
Enrichit ma vision :
Subtile guérison ?

Que de figures croisées,
De souffrances frôlées,
Le meilleur survit
En vraie leçon de vie !

Transparence

L'hôpital comme école,
Des scènes, des paroles,
Côtoyer des patients
Rend chacun plus vivant.

Des êtres cabossés,
L'anormal exposé,
Le cheminement d'autrui
Écarte l'alibi.

Perceptions en déroute
D'appréhender la route,
Car le poids du voisin
Lui semble anodin.

Le sable est minuscule,
Intimes, ces tentacules
D'une dépendance reine,
D'entraves souterraines.

Les progrès de la science
Fortifient la patience ;
D'espérance renouvelée,
La confiance peut lever.

Résidence secondaire,
Ici nous sommes des frères ;
L'école buissonnière
N'efface pas leurs misères.

Une suite de rendez-vous,
Un langage entre nous
S'écoule naturellement
Derrière les paravents.

Les jours du prochain
Se fondent dans les miens,
L'avenir qui vacille,
Nos doutes, nos escarbilles.

Le parcours est fléché,
Ponctué d'humilité,
Chacun en connaît tant,
Litanie de pansements !

Nos pauvres solitudes
Sont loin d'une habitude,
Des présences invisibles
Apaisent l'inaudible.

Car derrière chaque mur
Se taisent des fêlures ;
Les larmes s'avèrent salées,
Or elles sont partagées.

Incompréhensions ?

Une porte entrouverte,
Une nouvelle langue offerte,
Le cœur est martelé,
Un précieux lien est né.

Les moindres pulsations
Provoquent des émotions,
Elles suscitent des images,
Ce sens du partage.

La famille s'agrandit,
S'afflige de compagnie :
De routes parallèles,
Jaillissent des étincelles.

Nos pudeurs s'entrelacent,
Les douleurs se font face,
Le patent bien en peine,
Les attentions certaines.

La plaie n'est pas fugace ;
D'une pensée loquace,
Sur le bord du chemin,
Le frère tient la main.

Mais en dehors des murs,
Que devient le murmure,
Où situer la prison,
Toute l'incompréhension ?

Un dialecte commun
N'a de valeur en rien
S'il sert à enclaver,
Dresser des barbelés.

L'ombre révèle souvent
Les sentiers différents,
Les futiles barrières,
La force de la prière.

« Nul n'est une île, en soi suffisante
Tout homme est une parcelle de continent,
une partie du tout. »

John Donne (1572-1631)

Petit ange breton

La pandémie est entrée dans nos vies.

L'équilibre apparent, la routine rassurante et la légèreté ambiante ont été remisés dans le passé.

Les craintes sont là, habitent nos pensées et conditionnent beaucoup de nos gestes.

Les soignants sont devenus visibles, la caissière, l'éboueur et toutes ces chaînes humaines offrant à nos existences un confort dont nous n'avions pas ou peu conscience… pas assez assurément.

La gratitude retrouve ses lettres de noblesse, l'égoïsme s'accroche et les certitudes des uns se heurtent à celles des autres… Une cacophonie de réactions divergentes s'installe au quotidien.

Le confinement s'expérimente, celui imposé par les autorités gouvernementales pour des raisons sanitaires. D'autres confinements sont le lot de beaucoup depuis bien longtemps.

Chacun puise en lui des forces personnelles, s'inspire d'expériences vécues, relaie les nouvelles de l'un, l'humour de l'autre ou ces fichiers qui circulent entre les internautes.

Il faut inventer un mode de nourriture intérieure sans se noyer sous les données, sans perdre son temps même si celui-ci semble infini, sans perdre de vue le sens de ces jours offerts.

Des lumières demeurent allumées entre parents, amis, voisins ou inconnus.

De belles initiatives naissent et la reconnaissance souvent oubliée revit. Des zones d'ombre persistent attisées par la peur.

À l'hôpital, les chambres sont remplies comme elles le sont du 1°janvier au 31 décembre ; la maladie est là, ne prend ni repos ni vacances, jamais.

Les soignants œuvrent à tous les étages… Chaque pathologie reçoit soins, écoute et humanité.

L'établissement s'est confiné avec des protocoles rigoureux pour protéger chaque personne franchissant ses portes. Les services comme les couloirs renvoient une part irréelle, inédite.

Le lieu semble désert, silencieux, comme un autre monde tentant de survivre après le passage d'un ouragan d'une violence insensée. Rien, en apparence, ne paraît changé, mais l'ambiance est chargée d'angoisses ; le lieu aseptisé renvoie le malaise impalpable que traverse toute notre société.

Si les églises sont fermées, certains veillent…

Les prières montent de partout, les liens s'étoffent, les idées surgissent pour que l'espérance demeure un terreau fécond au chevet d'un monde, d'un pays, d'une ville, d'une rue, d'un immeuble ou d'une maison.

Chacun invente ses propres chemins pour rejoindre Dieu, un proche, un esseulé et les propositions ouvrent sur des horizons riches et variés. L'imagination est contagieuse, partagée.

Au cœur de l'hôpital, une petite flamme est allumée : fidèle aujourd'hui comme hier, elle réchauffe les nuits qu'elle éclaire. La chapelle accueille à toute heure ce malade, ce soignant, ce proche : « *Venez à moi, vous tous qui peinez sous le poids du fardeau* » (Matthieu 11,28-30)

L'aumônerie, juste à côté, est habitée, elle aussi.

L'Église a ce visage d'humanité, d'humilité au plus près des souffrances de malades, des angoisses de soignants, de secrétaires, hôtesses d'accueil, vigiles et tous - si nombreux - œuvrant au fonctionnement de ce lieu de vie et de mort.

La pression est là, la peur et les répercussions sur l'entourage que chacun retrouve chez lui à la fin de sa journée de travail. Les détresses de ceux en première ligne sont insondables.

Leur dévouement est ponctuellement mis en lumière chaque soir lors d'applaudissements, bafoué ailleurs par les imprudences de certains, l'indifférence d'autres ou la désinvolture de ceux à l'arrière du front.

L'aumônerie, entre ces murs hospitaliers, est une oasis de fraternité universelle. Elle est un lieu d'écoute pour ceux meurtris par un départ ou en quête d'un soutien pour tout ce que la maladie donne à vivre pour celui alité comme pour ceux qui l'accompagnent…

Le soin spirituel repose sur une présence vraie, sans filtre et une infinie patience, une abnégation sans limites.

Les semaines passent et l'épidémie en France semble heureusement décliner.

L'espoir du « déconfinement » de la population et d'une lente reprise économique occupe désormais le terrain médiatique… Chacun tente de s'adapter à la situation, aux nouveaux repères à expérimenter et à l'avenir qu'il faut préparer.

La souffrance ne s'est pas envolée : celle-ci n'est pas l'exclusivité du Covid 19. À l'abri des regards, un jeune couple vit un drame ; elle est enceinte et leur bébé n'a plus que quelques jours à vivre.

Le moment est cruel, le chemin inimaginable : une porte s'est ouverte, celle du bocal de l'aumônerie, cette cellule sans fenêtre sur l'extérieur où Christine les attend.

Elle veille, est cette Église ouverte sur la fragilité, rayonnant d'une présence réelle à l'école de l'autre, du petit, du malade, de la souffrance…

Si la lampe n'est qu'électrique, c'est une lumière profonde qui éclaire la rencontre, l'écoute unique qui accueille ces parents dans l'épreuve.

La distance est abolie entre tous les trois, la peine partagée en vérité et les prochaines heures à inventer pour offrir à la séparation terrestre sens et douceurs. Christine porte la douleur de cette famille, sans faux-semblants. Elle donne tout, tout ce qu'humainement elle peut offrir.

Et ce jeudi, le matin de l'accouchement arrive…

Les heures défilent, le soutien passe par de petits mots échangés entre les parents du petit ange, la maternité et l'aumônerie. Le jour baisse et Christine n'a pas encore été appelée dans le service.

Ses pensées ont erré au fil des heures dans cette chambre de l'hôpital où l'attente a débuté au lever du soleil. Elle reviendra cette nuit s'il le faut ou à l'aube, car il faut être raisonnable avec les vingt-cinq kilomètres qui séparent l'hôpital de son domicile.

Un nouveau matin se lève… et le petit bébé n'est toujours pas arrivé. C'est le 8 mai, un jour de repos synonyme de victoire sur d'autres batailles.

Il est 17h30 quand la petite fille ne pousse pas son premier cri…L'enfant est accueilli par ses parents, la sage-femme et Christine les rejoint pour bénir son frêle corps, adoucir cette naissance qui restera gravée dans la mémoire des témoins.

La flamme de la petite bougie que Christine a choisie avec beaucoup d'attention, ses mots et sa présence donnent à voir le visage d'une Église vivante, pansant la plaie du frère.

Ouvrir les portes d'une église se vit dans ces rayonnements d'un Christ incarné qui chemine à nos côtés…

Chaque clé est belle, unique, chargée d'une espérance à semer, celle des Béatitudes. Il nous tient la main pour rejoindre ceux qu'Il met sur notre route : à nous d'oser la saisir !

En Bretagne, le 9 mai 2020

Cinq lettres

Les rues sont désertes, le soleil au zénith lorsque Marie Guillou quitte sa maison munie de son attestation consciencieusement remplie. Cette sortie autorisée lui offre une distraction en ce temps de confinement où le rayon d'action est réduit. Son médecin a insisté pour le maintien de ce rendez-vous différé puisque son cas n'était pas urgent. La pandémie a tout désorganisé, rebattu les cartes entre les patients. La sexagénaire est confiante, son profil rassurant, paraît-il. Il convient toutefois de lever un doute. À l'entrée de l'hôpital, Marie présente les documents habituels. L'hôtesse la reçoit avec égard, vérifie que les formalités sont à jour et lui indique aimablement l'itinéraire pour atteindre le service où elle sera reçue.

Marie se dirige vers les ascenseurs lorsqu'elle entend, juste derrière elle, des éclats de voix et des mots grossiers. Par réflexe, elle se retourne et assiste à une altercation dont la violence la sidère. La cordiale jeune femme à qui elle parlait quelques secondes plus tôt vient d'être bousculée par un patient pressé, mécontent d'attendre et ne comprenant pas pourquoi sa compagne doit rester dehors. Un vigile est intervenu à temps pour éviter un souci majeur. La spectatrice réalise alors que l'accueil de l'hôpital est protégé ainsi. Cette scène lui paraît surréaliste… Si les repères à l'échelle planétaire sont bouleversés et les émotions décuplées, cette inhumanité la heurte profondément.

Encore ébahie par l'algarade à laquelle elle vient d'assister, Marie reprend toutefois ses esprits et gagne le sixième étage. Elle patiente quelques minutes en salle d'attente. Les couloirs paraissent déserts et il a été fait table rase des revues distrayant autrefois ceux passant ici. Une chaise sur deux est condamnée pour respecter les distances entre les visiteurs. L'ambiance est étrange et chacun doit s'accommoder de la situation sanitaire actuelle. Dans le bureau du médecin, le tableau clinique s'avère moins rassurant que prévu. Un prélèvement est réalisé aussitôt et les résultats seront connus dans huit jours. Le spécialiste ne nie aucunement l'éventualité d'un diagnostic grave que personne ne souhaite entendre.

- Il était vraiment plus que temps qu'un prélèvement soit effectué, ajoute-t-il.

Marie reprend le chemin de son domicile, affectée par cette biopsie inopinée, mais également par la scène à laquelle elle a assisté à l'accueil de l'établissement. Elle tente de libérer son esprit de la perspective d'un court terme peu serein. Se concentrer sur le présent lui paraît sage. Lui seul mérite son attention pour l'instant. Le nouveau rendez-vous lui offre paradoxalement une occasion inespérée.

Le jeudi suivant, Marie retourne à l'hôpital d'un pas moins alerte que la première fois. Et si ? À l'entrée, une autre hôtesse la reçoit avec la même gentillesse que la première fois. Celle-ci ignore les angoisses qui envahissent ces dernières heures les pensées de son interlocutrice, le verdict qu'elle redoute. Le souvenir de la biopsie et la pire hypothèse ont méchamment colonisé l'éprouvante attente. La sexagénaire a profité du sursis pour mettre un peu d'ordre dans ses affaires : on ne sait jamais !

Le passage à l'accueil est rapide et Marie sort de son sac un paquet avec quelques friandises emballées, temps de Covid oblige, pour l'hôtesse et ses collègues. Auparavant, elle aurait sûrement cuisiné ces sablés bretons dont ses enfants raffolent, mais les réflexes changent, les risques de contamination sont proscrits et le banal ne l'est plus tout à fait. Ce cadeau est avant tout symbolique : ces modestes douceurs visent à contrebalancer l'agressivité dont elle a été témoin la semaine précédente. Le vigile est toujours là, prêt à intervenir ; cette fois, Marie l'a repéré un peu en retrait.

- Merci d'être là pour nous !

L'hôtesse est émue par ce geste inhabituel et partage sa surprise avec ceux autour d'elle.

- J'ai noté, la semaine dernière, continue Marie, la brutalité d'un patient à l'égard de l'une de vous et c'est le seul pansement dont je dispose.

Les sourires des deux protagonistes parlent d'eux-mêmes ; le plaisir est réciproque entre ces inconnues, l'indifférence peut-être un peu atténuée.

Marie gagne le service qui l'attend : le verdict est sévère et l'avenir s'embrume soudain. Puis chacun s'évertue, auprès de la malade, à atténuer le choc, aplanir les étapes et soulager sa peine. Les examens se succèdent et tout s'enchaîne : chirurgie, réanimation, trois semaines d'hospitalisation. En ces temps de Covid, les visites des proches sont restreintes et la malade le comprend aisément. Le téléphone pallie l'absence et la compassion s'accueille autrement. Elle mesure sa chance de ne pas être seule dans de telles circonstances.

Derrière leurs masques, les soignants renvoient l'image d'un dévouement admirable. Dans la chambre de Marie, du professeur de médecine au brancardier, l'humanité s'incarne par la bonté de l'un et l'espérance de l'autre. Les gestes sont précis, le temps limité, mais l'humour se faufile où il peut, l'attention et la malade est en confiance, épaulée dans son combat. Chacun allège l'épreuve et cet immense soutien est précieux, indescriptible.

À quelques encablures de la mer, l'hôpital de Saint-Philibert offre un spectacle étonnant. Sur le rebord de la fenêtre, des goélands viennent distraire les patients. D'un coup de bec, ils savent exprimer la faim qui les tenaille et guettent la mansuétude derrière la vitre, espèrent recevoir quelques subsides, car pour eux aussi, les temps sont durs avec ces rues désertées. Le point de vue au dernier étage de l'hôpital est beau même depuis un lit ; le panorama change au fil des heures et la nature est magnifiée. Le ciel se pare chaque jour de couleurs nuancées, des nuages menaçants à l'azur immaculé.

Marie se remet doucement et la télévision offre une autre fenêtre ouverte sur la réalité du moment. Les nouvelles du monde parviennent jusqu'à la convalescente. Un élément l'interpelle : les applaudissements ont cessé et chaque nouvelle mesure gouvernementale est commentée, critiquée et jugée impitoyablement. La pandémie occupe depuis des mois une grande part des actualités et rien n'a réellement changé en trois semaines. La menace demeure et il est encore question de vague, de vaccin, d'avis contradictoires et de certitudes déversées à profusion.

Pour Marie, les soignants ont désormais un visage. Au journal télévisé sont abordés des sujets comme la liberté, l'avenir de l'un et l'autre renvoyés dos à dos, les contraintes imposées pour se rendre au cinéma ou les coûts. Certaines prises de position sont délétères ; le climat est houleux. Marie songe à ce lit qu'elle occupe et au soulagement évident des thérapeutes de ne pas avoir classé trop vite son cas rassurant. Seule la vigilance médicale faisant fi du contexte a permis que le cancer soit pris à temps en limitant également l'étendue des séquelles. L'image d'une balance Roberval s'invite dans l'esprit de la sexagénaire : sur le premier plateau, une séance de cinéma et sur l'autre, un crabe cruel et vorace ayant pu rapidement anéantir tout espoir de rémission. Rien n'est gagné, mais le pire semble écarté. Au plus fort de la crise, le spécialiste aurait-il eu le temps de la recevoir ? Son cas ne présentait aucun signe d'urgence...

À l'heure de quitter l'hôpital, Marie a un mot gentil pour remercier tous ceux ayant veillé sur elle et déplore d'en oublier tellement ! Chacun a compté. Le témoignage maternel a éclairé Camille, sa fille, sur un pan de la situation qu'elle avait la chance d'ignorer jusque-là. La plus jeune sous-estimait ce luxe d'être en bonne santé, celui de l'insouciance. La théorie efface les aspérités de nombreuses pathologies.

Quelques heures plus tard, Marie est heureuse de retrouver sa maison. Elle note ces petits riens lui ayant finalement bien manqué. Le lendemain de son retour, elle ouvre avec plaisir ce journal local qui l'informe depuis tant d'années.

Peu à peu, elle va reprendre des forces et ses habitudes. En première page du Courrier de Saint-Philibert, les yeux de Marie sont attirés par une photographie de l'hôpital où elle vient de séjourner. Le titre, sans ambiguïté, la réjouit également : merci ! Elle repère à la fin de l'article la signature de Camille.

La journaliste trace un portrait fidèle de cette expérience douloureuse et lumineuse qu'elle et sa famille viennent de traverser. Au plus bas, leur mère a pu se relever grâce au professionnalisme de ces personnes altruistes qui l'ont soignée et soutenue sans se ménager. De l'accueil de l'établissement au bloc opératoire, chaque geste mérite notre reconnaissance et notre respect. La vision de la fille rejoint la conviction maternelle. Si la pandémie a déstabilisé toute une planète, les moyens d'y faire face demeurent simplement humains. L'hôpital révèle une oasis d'humanité qui ouvre ses portes à tous ; les soignants y œuvrent sans faiblir et leur rôle est inestimable. Chacun a, à sa portée, les moyens d'en prendre soin à son tour.

L'espérance guide la plume de Camille Guillou pour conclure son article des mots suivants : « *J'ai fait le rêve d'une épidémie heureuse où la gratitude déjouerait l'égoïsme pour contrer la catastrophe insidieuse qui nous guette : la mésestime d'autrui volontaire ou non. Elle s'exprime souvent par de l'indifférence et parfois de l'agressivité. Dévouement et patience aplanissent le chemin du malade au cœur du soin. C'est une école de vie pour celui accueilli à l'hôpital ; le meilleur reçu peut diffuser sans crainte, esquiver les gestes barrière et contaminer largement. Ouvrir les yeux ne nuit pas à la santé et un remède est à notre portée : il ne nécessite ni brevet, ni des moyens exorbitants pour s'en procurer, n'a aucun effet secondaire et est recyclable à l'infini. Il tient en cinq lettres : merci !* »

Août 2021

« Priez pour moi
afin que ma confiance soit grande et stable. »

Frère Luc (1914-1996)

Lumières

Il est de ces lumières
Dont on ne perçoit rien,
Ces drôles de lampadaires
Qui éclairent le soin.

Il a fallu du temps,
Saisir l'enseignement,
Écarquiller les yeux,
Sentir la main de Dieu.

Cultiver la confiance,
Percevoir la présence,
La prière d'autrui
Illumine la nuit.

L'école est improbable,
Sans tableau ni cartable,
Cour de récréation :
Surprenant horizon.

La sagesse des enfants,
Un vrai discernement,
Renvoie la lassitude
Vers d'autres latitudes.

Lorsque l'amer transperce,
Le regard s'exerce
Par ces mots renouvelés
Entre hospitalisés.

Des chemins parallèles
Frôlent la même pudeur,
Les teintes arc-en-ciel
Des larmes et de la peur.

Des heures de solitude,
Tant de sollicitude,
Le baume est habité,
Les blessures pansées.

Le cadran de la montre
N'occulte aucune rencontre,
En chaque rendez-vous
Se grave le plus doux.

Des chemins s'entrecroisent,
La patience s'apprivoise,
D'infimes lueurs brillent,
Révèlent cette famille.

Salle d'attente

Vous êtes si nombreux
À rejoindre les cieux,
À laisser ici-bas
La trace de vos pas.

La sagesse éprouvée
Des murs hospitaliers
Irrigue mon esprit
Pour vivre l'aujourd'hui.

Vous êtes à mes côtés
Dès la salle d'attente,
M'aidez à patienter,
À braver les tourmentes.

Que de mots échangés
Ou de maux partagés,
La paix de l'autre plage
Se pare de douces images.

Pour le dernier voyage,
Le plus beau des rivages,
L'essentiel me guide
Sans amoindrir le vide.

Source entre nous

Un lieu de rendez-vous,
La source est entre nous,
L'angélus silencieux
D'une constance de Dieu.

Une porte entrouverte,
La clarté est offerte
Pour accueillir la vie
Ou de mutiques cris.

Sur le bord du chemin,
La lueur, au matin,
Dote de clairvoyance
Courage et endurance.

Il est là
Et Il veille,
Des témoins en éveil
Lui emboîtent le pas.

C'est l'Église en sortie,
Elle fait très peu de bruit :
Une fidèle aumônerie
S'invitant près des lits.

Discrète humilité
Du Christ incarné
Rejoignant par son sang
La faiblesse du gisant.

Dos à dos

Les dossiers se côtoient,
Rangés sous le même toit,
Faut-il les diviser
À l'heure de supposer ?

Combien de maladies
Se muent en théorie,
Les entailles indicibles
Ne rendent pas invincibles.

L'extérieur égratigne
De phrases anodines,
D'une hiérarchie de maux,
D'un renvoi dos à dos.

Trancher à la racine
Un nom qui détermine
Et oublier le sens
De tellement de souffrances !

L'indifférence désarme
Les cicatrices de l'âme,
Certaines pathologies
Laminent sans faire de bruit.

D'autres deviennent sésame
Pour arracher des larmes
Laissant le bas-côté
Au reliquat blessé.

Quelle échelle de valeurs
Pour doser les douleurs,
À l'ombre de la croix,
Se terrent des désarrois.

La thèse du moral
Demeure dictatoriale,
Une doctrine lapidaire
À l'approche du cimetière.

Les parcours sinueux
Sont les plus silencieux ;
Impose-t-on à autrui
La noirceur de la nuit ?

Et quand deux maladies
Occupent le même lit :
Patient épouvantail,
Les protocoles déraillent.

Le serment d'Hippocrate,
Des soignants acrobates
Insufflent la bienveillance
D'où germe l'espérance !

Car cette terre d'asile
Perçoit le difficile ;
La personne est unique,
Nul mal théorique.

Bouquet

Songer à l'hôpital
Paraît paradoxal
S'il fallait en un mot
Dévoiler ses cadeaux.

Car à l'heure d'y partir,
Je préfère m'abstenir :
Le meilleur m'interpelle,
Sa part d'essentiel.

Alors maladroitement,
Je deviens ce patient
Qui dessine un bouquet,
En esquisse des traits.

J'y mettrais des couleurs
Pour panser chaque peur,
Une symphonie de sons
Œuvrant à l'unisson.

Imperceptibles soins
Terrés dès le sous-sol,
La rosée du matin
Remonte en farandole.

À chacun des étages,
L'accueil d'autres visages :
Ils distillent l'espoir,
Fidèles jusqu'au soir.

Nul n'omet la personne,
Le corps qui abandonne,
Les racines du mal
Et chacun des pétales.

Une constance étonnante
Sans craindre la tourmente,
Ces perles d'humilité
Défendent la dignité.

Huit semaines de confinement
Pour des applaudissements,
Le chef-d'œuvre inaudible
Paraissait invisible.

Mais les plaies sont ouvertes,
Les soignants en alerte,
Entre deux mois de janvier,
Ils veillent à nos côtés.

Ce modeste bouquet,
De maux, a donc jailli,
Des pensées, des bleuets
En guise de merci !

Secrets

J'ai croisé des tempêtes,
Rêvé que tout s'arrête,
Sur la face des miens,
La détresse me parvient.

Le combat difficile
Semble vraiment futile :
Lendemain inhumain
Qui ne reflète rien.

Quelle est donc la recette,
Le goût des pichenettes,
Un carnet et des mots,
Le salut du stylo ?

Quelques pages d'espoir
Colorent la trajectoire :
L'ineffable intermède
Au milieu des remèdes.

Des mains se sont tendues,
Une écoute bienvenue,
Un élan d'espérance
Perle de transparence.

L'azur est nuancé,
Le sens dévoilé ;
De l'échelle, les barreaux
Paraissent un peu moins haut.

Numéro de dossier,
Des couches superposées,
Trésors d'humanité
Pour panser la santé.

Combien à mon chevet,
Avec tous leurs secrets,
Ont éclairé la voie,
Su cultiver ma foi ?

De lit en lit

Combien de ces langueurs,
D'insaisissables pleurs,
De vulnérables armures
Se taisent dans ces murs ?

L'appel est murmuré,
L'aiguille apprivoisée,
Pudique tempérance
Parfois depuis l'enfance.

Le cocktail des remèdes
Et un désir si tiède,
L'organisme bousculé
S'avère révolté.

Un chemin coutumier
Bordé de barbelés,
L'allure est hésitante,
La fuite si tentante !

Au menu, un seul choix :
Chacun soulève sa croix,
Scrute vers l'horizon,
Se forge une raison.

Ancrée, la maladie
Enseigne à l'infini,
Car à côté du soin,
Le dévouement humain.

Et puis de lit en lit,
Le regard sur autrui
Participe au recul,
À taire le minuscule.

La souffrance suggérée,
Sobrement évoquée :
Autre vision du mal,
Cœur battant d'hôpital.

Pour tout l'indivisible,
Les forces se distillent,
Le fardeau du voisin
Devient un peu le sien.

Des rayons de lumière
Inondent nos misères
Et l'éclat partagé
Est comme multiplié.

Là

À l'abord du chemin,
La perspective de rien,
Le cri est intérieur,
Silencieuses douleurs.

Le brancard est aride,
Cette sensation de vide
Et ce corps qui refuse
Qu'un soignant le transfuse.

Pathétiques murailles
Et discret soupirail,
Une brise, Gethsémani
Réchauffe la sombre nuit.

Il est là, allongé,
Cloué, transfusé,
À deux pour le départ
Sur l'unique brancard.

L'envie de renoncer ?
Vers moi, Il s'est penché
Et le chemin de croix
A paru moins étroit.

Ce fragment de passé,
La confiance éprouvée
Subsistent depuis lors :
Lueur de l'aurore.

Pari inouï

Faut-il tomber si bas,
Compter chacun des pas
Pour prononcer un « oui » ?
Le pari est inouï.

L'équilibre est faussé
Face à l'éternité,
Le combat quotidien
Exige tant de soins !

L'attention médicale
Suscite pour l'organisme
Un soupçon d'héroïsme,
De délicats pétales.

De toutes nos fêlures,
Forêts de tubulures,
Le réel empesé
Se pare de légèreté.

Le choix est audacieux,
Le prochain lumineux,
Les chemins tortueux
Nous mènent vers les cieux.

Douce fragilité
D'une étonnante clarté,
L'esprit n'est pas rebelle :
Le carcan a des ailes.

Sur ce lit d'hôpital
D'une survie étale,
Les sons comme invités
Se sont mis à valser.

Saisissant en plein vol
Ces insolites paroles,
Le ferment poétique
N'est pas si utopique.

De l'encre dans les veines,
D'épines sourd la fontaine :
De signes incoercibles,
Ces phrases imprévisibles.

Comme s'éveille la plume,
L'hématome s'allume,
Les poussières d'étoiles
Soulèvent un pan de voile.

Avec mes remerciements
pour les soignants
à mes côtés depuis si longtemps
et
d'une patience et bienveillance infinies

Table des matières